CÓMO OBTENER un TÍTULO UNIVERSITARIO Gratis

CRYSTAL GOLIDAY, MS, MBA

Publicado y distribuido en los Estados Unidos por Crystal Goliday, Washington, DC

Copyright © 2020 por Crystal Goliday, Todos los derechos reservados. El contenido de este libro no puede ser reproducido por ningún método mecánico, fotográfico o electrónico, ni en forma de grabación fonográfica. El texto no puede almacenarse en un sistema de recuperación, transmitido o de otra manera ser copiado para uso público o privado, asímismo para el"uso justo" como breves citas incorporadas en artículos y reseñas, sin la autorizacion previa por escrito del autor.

El autor intenta ofrecer información de carácter general para ayudarlo en su búsqueda de consejos y ayuda financiera. En caso de que utilice la información de este libro para usted, que es su derecho constitucional, el autor o el editor no asumen ninguna responsabilidad por sus acciones o el resultado de estas.

Asesor Literario - The Self-Publishing Maven

Diseño De Portada - Okomota

Edición - Susan Andres y Robin Devonish

Diseño Interior - Wawan

ISBN - 978-1-7350056-3-8

www.CrystalGoliday.com

AGRADECIMIENTOS

¡No llegué a donde estoy sola! Quiero agradecer a la **comunidad** que me ayudó a crecer, comenzando por mis antepasados, que soportaron mucho por las futuras generaciones. Si bien podemos pensar que la vida es difícil hoy en día, fue aún más dura en aquel entonces.

Mis padres trabajaron hasta el cansancio para asegurarse de que yo tuviera todo lo necesario, y por eso los aprecio, por todas las lecciones que aprendí de ellos a través de sus palabras y acciones.

Soy bendecida con una familia que se ha extendido, a la que llamo cariñosamente mi Framilia. Los quiero mucho y les deseo a cada uno de ellos lo mejor.

Mis comunidades a lo largo de las diversas fases de mi vida:

- o Ciudad Cooperativa, Bronx, NY.
- o Y.A.C. (Comité de Actividades Juveniles)
- o Escuela Intermedia 181.
- o Proyecto ESTEEM.
- o Escuela Secundaria Monseñor Scanlan.
- o Universidad de Drexel y todas las personas con las que interactué durante mi tiempo allí.
- o Mis segundos hogares Philly, DC, Maryland y Virginia.
- o Cualquiera que haya hecho una oración por mí.

¡LES AGRADEZCO! Cada uno de ustedes es apreciado. Deben de saber que hay más cosas buenas por venir de mí.

DEDICACIÓN

Dedico este libro a mis padres, a mi esposo, a mi príncipe, a las comunidades que me ayudaron a crecer y a los jóvenes alrededor del mundo.

- o Mis padres son ahora parte de mi **Equipo de Ángeles** en el cielo. Soy producto de su arduo trabajo y dedicación, lo cual agradezco. Espero que este libro los enorgullezca, ya que este también es su libro. Los extraño mucho, espero seguir haciéndolos sentir orgullosos mientras trabajo a diario para crear un impacto positivo en este mundo.
- o Mi Esposo que es mi compañero de vida, él apoya y desafía mis ideas, las cuales me ayudan a ser mejor cada día.
- o Mi Príncipe que me ofrece una perspectiva diferente de la vida y una energía renovadora. Me encanta tenerlo cerca y me siento honrada de ser su Mamá.

- Las comunidades que me ayudaron a crecer en la ciudad de Nueva York, Pensilvania y el área del DMV (DC, Maryland y Virginia) me han enseñado mucho. Esta chica de la Sección 5 en Co-op City les aprecia y continuará *subiendo a medida que escale.*
- La generación más joven del mundo es muy inspiradora y tiene mucho potencial. Permitan que este libro les ayude a ser una persona positiva y valiosa en el mundo, creyendo en tí mismo.

INTRODUCCIÓN

¿Alguna vez has querido perseguir un sueño, pero no tuviste los fondos para hacerlo realidad? Bueno, este libro te proporcionará los pasos para obtener fondos para un título universitario con información **desglosada** en pasos accionables, este libro ayudará a que tu sueño se haga realidad.

Mis padres trabajaban para compañías prestigiosas y tenían un ingreso estable, pero otros factores surgieron que justificaba dónde iba su dinero. De crecer en dos hogares diferentes con muchas facturas y con el costo cada vez mayor de asistir a la universidad, decidí que no quería que nadie ni nada me impidiera avanzar en mi educación cuando llegara el momento de asistir a la universidad. Además, no quería darles otro gasto a mis padres.

Entre las edades de 11 a 14 años, me di cuenta de que podría haber algunas limitaciones si confiaba en sus finanzas. La situación que marco este pensamiento fue cuando decidí abandonar el sistema de escuelas públicas de la ciudad de Nueva York al finalizar la escuela intermedia por estar consciente del aumento de la violencia en la ciudad con las pandillas y preocuparme el qué ponerme todos los días, quería un cambio. El cambio fue ir a una escuela católica privada en la secundaria.

Al recordar la cantidad de la matrícula en la secundaria (que era de aproximadamente $300 por mes), puede que hoy no parezca mucho. Sin embargo, era otra factura que mis padres pagaban. Y aunque sé que mis padres se habrían sacrificado, escuchaba las discusiones que tenían sobre la renta y luego de la matrícula para la escuela en mi primer año. Esa y varias otras discusiones me impresionaron tanto que mientras estaba en la escuela secundaria, aprendí sobre un programa de patrocinio (donde los padres en ese programa pagaban menos de $50 al mes, mientras que mis padres pagaban más de $300 al mes) y otras oportunidades de becas. El problema fue que el salario de uno de mis padres era demasiado para calificar para el programa de patrocinio porque se basaba en sus ingresos, por lo que tuve que esperar hasta mi segundo año para obtener algunas de las becas ofrecidas. Fue entonces cuando mi travesía de conseguir becas comenzó para terminar la escuela secundaria.

No solo recibí becas para asistir a la escuela secundaria Monsignor Scanlan, pero de mi travesía también resulto en una beca académica completa, que pagó mi matrícula y alojamiento para asistir a la universidad. Además, me otorgaron otra beca por mi tiempo en la universidad que cubrió mis honorarios. Con el tiempo aprendí que la beca más importante estaba asociada con la universidad a la que asistí (Universidad de Drexel) y no solo con la financiación del NACME (Consejo Nacional de Acción para las Minorías en Ingeniería) donde aprendí acerca de la beca inicial. La estipulación del premio fue que la escuela pagara el 80%, y la organización pagara el 20% por mi matrícula y vivienda por los cinco años del programa cooperativo.

Estaba en busca de una Licenciatura de Ciencia en Ingeniería Informática. Debo agregar que la vivienda también cubría vivir fuera del campus, un buen toque fue cuando me convertí en un estudiante de último año. Una vez que descubrí esta información, descubrí todos los detalles y **antes de darme cuenta**, tuve mi primer apartamento pagado por mi beca. Fue una sensación asombrosa.

Mi travesía por obtener fondos para títulos universitarios no se detuvo allí, sino que se expandió más allá de mis años de pregrado. Me tomé un año sabático para trabajar tiempo completo y luego decidí seguir mis estudios por un posgrado. Durante este tiempo, descubrí otra fuente de financiación, donde las empresas pagaban títulos universitarios. Aprendí que las calificaciones necesarias, a veces incluían mantener un promedio de calificaciones en específico (GPA), permanecer en una empresa durante un período de tiempo particular y los pasos necesarios para su aprobación. Por ejemplo, antes de tomar los cursos había que proveer pruebas de calificaciones, factura, etc. Avancé con la búsqueda de no uno sino dos títulos de postgrado (Maestría en Ciencias de Administración Tecnologica y Maestría en Administración de Empresas.). Incluso pensé en el grado más alto que es un doctorado, pero decidí no hacerlo porque no lo necesitaba en la dirección que quería ir.

Durante mi edad adulta, me di cuenta de que muchas personas se endeudan mucho para obtener un título universitario y sé que hay otra forma mejor. En este libro, compartiré las fuentes de financiación que pagaron mis tres títulos universitarios y la información adicional que aprendí a lo largo de los años. Sé que las familias, por muchas generaciones se beneficiarán de este conocimiento.

Ahora este libro no es para ti si:

(1) No quieres avanzar en tu educación.

(2) Quieres que se te entreguen las cosas.

(3) No estas dispuesto a hacer el trabajo, ya que esto requiere investigación y acción.

(4) Estás buscando un plan de pago de préstamos estudiantiles.

Si lo anterior no te aplica, espero poder guiarte a través de cómo obtener un título universitario de forma gratuita. Comencemos con el primer capítulo "*¿Por Qué Yo?*"

CONTENIDO

1. ¿Por qué yo? 13
2. ¡Empezando! 21
3. ¿Quién lo tiene? 29
4. ¿Qué sigue? 46
5. Conclusión 51

¿POR QUÉ YO?

Al hablar conmigo en la actualidad, la mayoría de las personas no sabrían que yo tartamudeaba y leía por debajo del nivel promedio durante mis primeros años de escuela primaria. Así es, tuve inconvenientes que alcanzaron un punto crítico, cuando estaba en primer grado en mi escuela que lleva el nombre de Walt Disney en el Bronx, de Nueva York. Era un día de escuela típico y recuerdo vívidamente cuando mi maestra de primer grado (la llamaremos Sra. S) estaba llamando a los estudiantes para que leyeran en voz alta. Me aseguré de no hacer contacto visual con ella esperando que no me llamara. Pero adivina ¿A quién llamó la Sra. S para leer? ¡A mi!

Bueno, me esforcé en leer la sección asignada; me tomó un poco de tiempo hacer que las palabras salieran, luego dije algunas palabras mal. La Sra. S en lugar de ayudarme y ser compasiva con su respuesta hizo una broma, luego de eso mis compañeros se rieron. Ahora no recuerdo exactamente que dijo ella, pero el gesto de mis compañeros de clase riendose de mí fue embarazoso y me dolió que un maestro me hiciera sentir de esa manera. No es una característica que tú pensarías, cuando te viene la palabra Disney a la mente.

Al recordar, la Sra. S estuvo mal por no usar ese momento para ayudarme, no sirvió como un momento de enseñanza para toda la clase. Estoy segura de que había otra manera en que ella podría haber abordado esa situación; quiero decir, me dolió tanto que todavía recuerdo ese incidente de hace décadas. Y ahora que lo pienso, el retraso en mi desarrollo combinado con el episodio que acabo de describir, pudo haber contribuido a mi timidez cuando era más joven. Cuando entraba en una habitación, me tomaba un tiempo habituarme, por lo que me mantenía sola y en silencio. Al crecer en la ciudad de Nueva York, aprendí rápidamente a tener una cara sin expresiones (una mirada dura o lo que algunos llamarían una "actuación", para algunos arrogante) y conmigo siendo tímida, daba la impresión de pocos amigos hasta cierto punto. Los que me conocen saben que ese no es el caso.

Debido a mi bajo rendimiento de lectura y habla, fui a lecciones de oratoria y me excusaron de las actividades habituales en clase para recibir ayuda especializada. Haciendo memoria, no estoy segura de si fueron mis notas, la Sra. S o mi dedicada mamá, las que lo hicieron posible, **pero** estoy agradecida. Esas lecciones me ayudaron a mejorar mi lectura y habla y me enseñaron como convertir una situación negativa en una positiva. Mi mamá también me mantuvo ocupada los siete días de la semana con programas proporcionados por una organización llamada Y.A.C. (Comité de Actividades Juveniles). Uno de los programas del

Y.A.C. que me ayudaron con mis habilidades de lectura y alfabetización, este fue el programa de tutoría de los sábados.

Mientras que muchos de mis compañeros estaban en casa viendo caricaturas o durmiendo, yo estaba en el Centro Comunitario Einstein del vecindario recibiendo tutoría. Agradezco a Y.A.C. tanto que recientemente comencé una organización sin fines de lucro llamada *Nunca Subestimes El Conocimiento* (NUK). Parte de mi travesia donde recibí apoyo ilumino el dicho que hemos escuchado "El Trabajo Duro Tiene su Recompensa".

Fui incrementando y mejorando a través de los años, aprendí las técnicas de estudio que funcionaron en mí, con las matemáticas como mi materia favorita, me recordé que necesitaba leer el texto para comprender como el problema se solucionaba y para entender como avanzar con el resto de la tarea. No obtuve un 100 por ciento en los exámenes de alfabetización (incluso hoy, prefiero un audiolibro a estar sentada para leer uno), pero aprecio un libro y todo lo que alimenta la mente y el alma. Espero que, al escribir este libro, haga lo mismo para muchos otros.

Luego de aprender lo que funcionaba para mi, me colocaron en algunas clases avanzadas en la escuela primaria, que iban del quinto al octavo grado, fue llamado el programa "Talentos Exepcionales" (EG) en una escuela que lleva el nombre de Pablo Casals, el violonchelista. Dos cosas que quiero señalar:

1. Tenías que examinarte para entrar al programa EG, pero fui **seleccionada** a mitad del séptimo grado -un reflejo de las semillas que la gente sembró en mí a lo largo de los años.
2. Disfruté de la escuela secundaria, desde sobresalir académicamente y ser más sociable hasta ampliar mi horizonte aprendiendo a tocar la viola.

Cuando llegué a la escuela secundaria, estaba avanzada en algunas materias y colocada en los puestos de honor de mi escuela católica privada, con las más altas notas academicas. Fui miembro de todo lo que me gusta llamar clubes de cerebros, pero era una "nerd genial", (quince años después de graduarme, regresé y compartí esto con la clase que se graduaba, para que supieran que está **bien** ser inteligente y aún poder ser genial.) Hice el equipo de baile en mi primer año, que fue el "eso" como actividad extracurricular para el último año, me pidieron que fuera la capitana (lo que decline porque quería enfocarme en otras cosas ese año).

Cuando llegó el momento de mi graduación en la escuela secundaria, no fui la graduada de honor o la segunda con las mejores notas. **Aun así**, recibí la **mayoría** de los premios, tuve una parte del discurso y también tuve un apoyo financiero **total** para pagar mis estudios universitarios en Ingeniería Informática en la Universidad de Drexel en lo que sería mi nuevo hogar: Filadelfia, Pensilvania (Filadelfia).

Para rematar, el apoyo financiero completo que recibí provino de una importante beca académica que pagó mi vivienda y matrícula proporcionada por el NACME (Consejo Nacional de Acción para las Minorías en Ingeniería) así como también un premio secundario que pagó mis honorarios y libros de ACE (oportunidades en Arquitectura, Construcción e Ingeniería). Con estas bendiciones, que veo como el fruto de mi trabajo y todos aquellos que me apoyaron, como las familias de mis compañeros graduados que me felicitaron después de la ceremonia. Mi graduación de secundaria me abrió los ojos para ver que todo es posible. De todas las cosas que le he mencionado, todavía me encuentro en la novena nube de mi graduación de la secundaria. Estoy continuamente agradecida con mis dos **ángeles** en el cielo- mis padres.

Mis padres **trabajaban** y tenían **facturas** que pagar; Entonces, aunque tenía las zapatillas Reebok Freestyle Hi (la "54.11s") en casi todos los colores, mis padres no eran ricos, yo era feliz de no tener que agregarles otra factura que pagar para mi educación universitaria. Financiar una educación universitaria es más que solo la matrícula, si se hacen los cálculos de todos los gastos (el costo de la ropa, los artículos de tocador, los viajes, etc.), el precio de la universidad sigue aumentando.

Si tuviera como contactar a la Sra. S., mi maestra de primer grado, ella sería la persona a la que mantendría ansiosamente informada de mis logros. Algunos de los cuales fue ser reclutada y reubicada en Lockheed Martin (una compañía Fortune 500) después de la universidad, así como también las publicaciones internacionales sobre mí realizadas por Accenture (la compañía de Servicios en Tecnología e Información más admirada de Fortune Magazine, compañía para la que trabajé durante más de una década), diversos compromisos de hablar en público, los premios que he ganado tanto por mis logros académicos y de liderazgo, mis logros en la vida y los tres títulos que obtuve gratis, esto porque las organizaciones y empresas creyeron en mí. No estoy segura de cuáles fueron sus intenciones cuando ella era mi maestra o si incluso ella todavía se acuerda de mí, pero lo que quisiera que ella viera con mis logros, es que se necesita sembrar conocimientos en nuestra juventud, no obstaculizarlos con negatividad.

Quiero que **todos ganemos** y que conozcamos que allá afuera hay una oportunidad para todos, que debemos encontrar la oportunidad e ir tras ella. Los que apuestan por el trabajo cosecharán los beneficios (y seamos sinceros, a veces las personas tienen las estrellas alineadas a su favor de alguna manera); ¿Has escuchado los dichos "lo que es tuyo te pertenece" o "lo que cosechas siembras"? Bueno, soy una manifestación viva de esos dichos. Si una mujer joven de Co-op City en el Bronx, que batallo con su lectura y habla, pudo tener éxito y conseguir pagar sus tres títulos universitarios, entonces **¿por qué tú no?**

¡Es hora de **creer** en tí mismo y **apostar por el trabajo** para convertir tus **sueños** en **realidad!** Te lo mereces y es tu momento, ya diste el primer paso al obtener este libro. Ahora, te mostraré como llegar al punto de adquirir tus títulos de forma gratuita.

¡EMPEZANDO!

A cada niño se le hace la pregunta: "¿Qué quieres ser cuando seas grande?" al menos una vez. Dando un vistazo atrás, podría fastidiarnos pensar cuántas veces nos hicieron esa pregunta. Bien este es el punto de partida que determinara el camino que tomarás, para darle respuesta a esa pregunta; al mismo tiempo que obtendras fondos para perseguirla. Cuando crecía, mi respuesta fue: "Quiero ser cantante (pensando que algún día sería como Whitney Houston), una actriz (como mi hermana de la hermandad Phylicia Rashad) o una abogada (al igual que el personaje de Clair Huxtable en The Cosby Show) "; pero con el tiempo, mi respuesta cambió.

A través de las experiencias de la vida, me di cuenta de que no soy una cantante (excepto en mis sueños o en la ducha) y que mi pasión no era actuar o ser abogada. Por lo tanto, quiero que utilices esta pregunta como una herramienta de auto-reflexion personal durante las diferentes etapas de tu vida, para que puedas pensar dónde quieres estar en el futuro y qué camino educativo debes perseguir. Un buen momento para hacer esta pregunta es a través de los diferentes niveles en la escuela. Por ejemplo: mi respuesta en la escuela primaria y escuela intermedia difirió de mi respuesta en la escuela secundaria.

Responder esta pregunta es un factor crítico para obtener la mayor cantidad de fondos, porque los criterios para algunas becas podrían ser específicos, como estudiar en un campo en particular (es decir, una beca para alguien que quiere obtener un título en Ingeniería Informática en lugar de alguien de solo Ingeniería, que es una disciplina más amplia).

A una edad temprana, no me imaginé que estudiaría ingeniería y negocios; y que me graduaría en estos campos para luego convertirme en una ejecutiva corporativa de la Compañía Fortune 500 y en una apasionada filántropo que aboga por nuestra juventud (con un enfoque en los jóvenes que viven en el interior de la ciudad) y por mujeres (que particularmente son sobrevivientes de violencia doméstica). A través de mis experiencias en la vida, me di cuenta, que mi destino provenia de mi interés en las matemáticas y de tener a mi madre como chaperona o como voluntaria para muchas actividades en las que participé.

También esto se originó de ser víctima, como alguien que conocía una relación doméstica violenta, de la cual pude salir por medio de oraciones y con el apoyo de otras personas (tanto como los que conocía como de otros que no conocía a través de trabajadores de la ciudad, como el departamento de policía y mi equipo legal, así como de la organización sin fines de lucro que trabajó conmigo durante este período horrible) para avanzar en la vida. Esto me llevo al deseo de proporcionar recursos a los jóvenes del interior de la ciudad y a los sobrevivientes de violencia doméstica y así luego comenzar mi organización sin fines de lucro *Nunca Subestimes el Conocimiento* (NUK) en 2019. Mis metas vinieron de preguntarme a mí misma: *"¿Qué quiero ser cuando sea grande?"* Y sí, todavía me hago esa pregunta y otras.

Me enfoqué en la respuesta a esta pregunta cerca del final de mi etapa en la escuela secundaria. Todos sabemos que el segundo año en la secundaria es un año crucial para prepararse para la universidad, desde tomar exámenes esenciales como el SAT hasta utilizar las notas de segundo año de secundaria para determinar lo que pondremos en nuestras solicitudes para la universidad. Entonces, mi respuesta a la pregunta, *"¿Qué quiero ser cuando sea grande?"* todavía no estaba clara. Profundize en mi interior para preguntarme: *"¿Qué temas me gustan?"* El primer tema que salió fue matemáticas y tenía un fuerte interés en la ciencia.

A partir de ahí, busqué trabajos que incluyeran bastante matemáticas, los que surgieron fueron: contaduría, ingeniería y corredor de bolsa; estos títulos dejan espacio para la interpretación, así que los investigué para ver qué significaban. A través de mi investigación en la oficina de carreras de mi escuela, la biblioteca pública y en la computadora, descubrí que ser un contador y corredor de bolsa implicaba principalmente las matemáticas, pero la ingeniería tenía una buena combinación de matemáticas y ciencias.

A través de mi investigación, también descubrí que había muchas disciplinas dentro de la ingeniería (química, civíl, informática, eléctrica, industrial, mecánica, etc.) que yo podía explorar. Saber esto fue un excelente punto de partida para buscar fuentes de financiamiento, para hacer que mi experiencia universitaria fuera gratuita para mí y una factura menos para mis padres.

Me hice la pregunta de *"¿Qué quiero ser cuando sea grande?"* y otras preguntas como:

- o ¿Qué me hace feliz?
- o ¿Qué me gusta hacer?
- o ¿Cómo puedo convertir mi pasión en una carrera?
- o ¿Qué se necesita para que todo esto suceda?

Son preguntas que deberías hacerte tu mismo. Y saber, que está bien no tener la respuesta exacta para todas ellas . Como puedes ver, al llevarte a mi mentalidad de segundo año de secundaria, tuve que profundizar un poco más con la primera pregunta: "¿Qué quiero ser cuando sea grande?" porque yo misma no sabía la respuesta correcta.

Para obtener una completa imagen de qué carrera se desea perseguir para conseguir un título universitario y lo que se ocupa para llegar allí, necesitas utilizar el Internet y tu red de contactos. No tengas miedo de aprovechar las conexiones de otras personas y pedirles a los que conoces que te refieran con alguien de tu mismo campo de interés. Con los años, conocí a muchas personas. Le conté a mi "Framilia" (término que utilizo para mi familia y amigos) que, si yo no conozco la respuesta a su pregunta, estoy segura de que puedo encontrar a alguien que lo sepa porque tengo una red de contactos **poderosa**.

Quiero que investigues el campo de estudio que deseas conseguir:

- Comprender qué implica ese campo para obtener un título y tener éxito.
    - o De mi investigación, la ingeniería requirió muchos cursos de matemática y ciencias durante los primeros años. Luego, los años restantes requerirían clases en las disciplinas de (química, civil, informática, eléctrica, mecánica, etc.). También hubo oportunidades para asignaturas optativas (cursos relacionados o no relacionados con la especialidad).

- Aprender como es una rutina diaria en ese campo.
    - La disciplina (que seguí en ingeniería) determinó como era una rutina diaria. Después de preguntarle al asesor de la universidad qué disciplina de ingeniería tenía más matemáticas, supe que quería estudiar ingeniería en informática. Aprendí que un ingeniero informático podría pasar todo el día, detrás de una computadora codificando o en un laboratorio trabajando en un hardware de computadora.
- Comprender las opciones sobre como llevarlo a cabo, incluyendo los pros y los contras.
    - Aprendí que, con un título de ingeniería, el salario inicial es alto y hay opciones para poder adentrase en ese campo (un título avanzado, depende de que tan técnico deseas ser.).
    - Algunos atributos positivos (pros) para dedicarse a la ingeniería son que te enseña el pensamiento analítico y te abre las puertas a muchos otros campos. Varias personas con las que estudié ingeniería decidieron convertirse en abogados, dentistas y otras profesiones.
    - Algunos atributos negativos o no tan favorables para dedicarse a la ingeniería como campo de estudio son que tienes menos tiempo para socializar en la universidad porque

es una especialización intensiva; que requiere demostrar tu experiencia de diferentes maneras que en otros campos (en una conferencia, un laboratorio, una recitación o presentaciones importantes, etc.).

- Aprender de la travesía de los demás.
    o Mientras estaba en la escuela secundaria, participé en un programa en el Manhattan College. Durante el verano todo fue sobre ingeniería, en este tiempo, hablé con aquellos que trabajaron allí para aprender como hicieron para llegar a donde estaban y obtener su opinión sobre si recomendaban ese camino y por qué.

La clave aquí es aprender de las experiencias de otras personas, tú no quieres duplicar cada uno de sus pasos, pero te ayudará a decidir que deseas adaptar para tu travesía y qué quieres desechar porque esto no encaja en tu vida.

Te ayudaré a avanzar a través de tu travesía para encontrar la financiación que necesitas para perseguir tus sueños. Pasemos al topico donde podrás encontrar el dinero.

¿QUIÉN LO TIENE?

¡El dinero nos rodea! ¿Sabías tú que? Desde corporaciones hasta fundaciones e individuos, existen formas de dinero por ahí para ti. Quizás te preguntes por dónde empezar, analicemos los diferentes tipos de dinero disponibles:

- o   Subvenciones
- o   Becas
- o   Préstamos Estudiantiles

En este libro, me centro en las becas ya que las conozco de primera mano. Sin embargo, es bueno conocer otras fuentes comunes de financiamiento. Las subvenciones son fuentes de financiamiento que **no** requieren reembolso; a diferencia de los préstamos estudiantiles deben reembolsarse después de la graduación. Las subvenciones y las becas son las mejores formas de pagar por la universidad, así que concentra tu búsqueda en esas fuentes de financiamiento.

Mi Travesía

Mi travesía fue financiada con becas para mi pregrado -primero por una gran academía de NACME que pagó por mi matrícula y vivienda completamente y otra de ACE. Dos compañías (Lockheed Martin y Accenture) que pagaron por mis títulos de posgrado (Maestría en Ciencias de Gestión Tecnológica y Maestría en Administración de Empresas). Hubo caminos variados para obtener la financiación de mis tres títulos, así que se debe entender que cada fuente de financiamiento puede requerir diferentes cualificaciones.

Comencé mi búsqueda de becas entre mi segundo y último año de la escuela secundaria invirtiendo en *El libro de Becas*. Este libro era grueso, como un libro de texto que tenía para mis clases de secundaria o como una enciclopedia, tenía muchas becas en la lista e incluía información como el nombre, la descripción, el monto otorgado y la fecha de vencimiento de cada beca. Este fue el verdadero comienzo de mi búsqueda para encontrar fondos para la universidad.

Escribí una carta para todas esas becas en las que estaba interesada para aprender más sobre ellas. Todos los lugares deberían tener a alguien en el otro extremo esperando ansiosamente para escribirte de vuelta, pero ese no fue siempre el caso. La tasa de respuesta de las cartas detalladas y devueltas fue menos de lo que yo esperaba. Sin embargo, no me rendí y con mi madre aprovechamos nuestras conexiones para aprender más sobre otras oportunidades. Recientemente le dije a un grupo de estudiantes de secundaria que **tu red de contactos es tu patrimonio neto.** Lo que estoy a punto de explicar es un testimonio de esa afirmación.

Después de discutir mis planes para ir a la universidad con mi familia y expresar mi interés en estudiar ingeniería, mi tía fallecida me habló de una organización llamada NACME, para este tiempo, yo estaba en mi último año de secundaria. La solicitud debía presentarse en el primer trimestre del año calendario. Respondí las preguntas y proporcioné mi ensayo, así ellos conocerían más sobre mí y esperé por una respuesta.

Después de un tiempo, me invitaron a una entrevista, la cual aprobé. Posteriormente me invitaron a una evaluación matemática que fue una manera para ellos para ver como yo interactuaba con mis compañeros para resolver problemas complejos (Piensa ahora en el pro que mencioné en el capítulo anterior sobre estudiar ingeniería y comprenderás por qué tenían este componente tan intrínsico, que no entendí completamente en ese momento).

Pensé que tal vez lo estaban haciendo para ver lo inteligente que era, pero mirando hacia atrás, si estuviera invirtiendo una gran cantidad de dinero en las personas, me gustaría conocerlos más allá de lo que presentaron en la solicitud. La Universidad de Drexel fué la primera escuela que me hizo saber que fuí aceptada, recibí esa carta en Marzo durante mi último año de la escuela secundaria. Ahora que tengo mi organización sin fines de lucro que se enfoca en proporcionar recursos tales como becas para jóvenes del interior de la ciudad, probablemente yo debería hacer un caso de estudio sobre ellos para aprender más sobre su proceso porque esa oferta fue asombrosa y ayudó a muchas familias; pero espera hay más.

Después de descubrir que recibí la beca más tarde en mi último año, me notificaron que me proporcionarían un viaje con todos los gastos pagados a la Universidad de Texas A&M para su Programa de Inmersión de Verano. Durante este programa, ellos me prepararon para el peor profesor, este fue otro gran beneficio de esta beca, no tuve que pagar un centavo. NACME pagó mi viaje, el alojamiento en un dormitorio universitario y mi comida.

Fue una gran oportunidad para conocer a otras personas que obtuvieron la misma beca alrededor del país. También conocí a mi primera compañera de cuarto de la universidad en este proceso, que ahora es una de mis mejores amigas, quien además fue una de mis damas de honor en mi boda (tuve dos) y es la madrina de mi Príncipe. Estas experiencias, junto con la immersión de invierno que asistí durante varios años, me hicieron darme cuenta de lo bendecida que estaba y volvieron a confirmar que el trabajo duro vale la pena.

Durante mis años en la universidad hablé con estudiantes menores que yo. Sabía que quería compartir mi experiencia con otros, pero esperé décadas para comenzar mi organización sin fines de lucro y escribir mi libro. Estoy feliz de que finalmente me senté a escribir y compartir este tema con ustedes. Es triste que mis dos padres tuvieran que fallecer para que yo pudiera seguir estos pasos. No obstante, estoy haciendo que suceda y quiero eliminar cualquier estrés financiero de las familias a través de mis esfuerzos.

Ahora la ayuda financiera para mis estudios universitarios no se detuvo allí. Durante el verano entre mi segundo y último año de secundaria, asistí a un programa en Manhattan College para estudiantes interesados en ingeniería. Tuvimos clases y proyectos que completar durante ese período de tiempo, pero también fue divertido.

A partir de ahí, fui invitada a asistir a ACE durante mi último año. Este programa dividió a la gran cohorte de estudiantes en grupos más pequeños combinados con una universidad y un conglomerado de compañías de la ciudad de Nueva York en los tres campos. Al final del programa, mi grupo construyó una comunidad manualmente, con dibujos y electrónicamente en un programa llamado AutoCAD. Nos dividimos en equipos de dos, y nos enfocamos en una casa en la comunidad. Fue divertido y fue una oportunidad para mí en pensar más allá de los apartamentos y las cooperativas a las que estaba acostumbrada en la ciudad.

Al finalizar el programa, se identificaron e informaron a los graduados de último año sobre sus oportunidades de beca, felizmente apliqué para la beca y la recibí. La beca ACE era de $500 cada año. Aunque algunos podrían perder el control al escuchar la cantidad, me alegré porque la universidad es más que solo la matrícula y vivienda, también hay libros (que son caros, y parece que cada semestre hay nuevas ediciones, por lo que tienen un uso limitado), tarifas, comida (que es para un plan de comidas) y más. Entonces, mi beca ACE fue útil.

NACME buscaba a alguien con buena reputación académica; No todo el mundo era un estudiante con buenas calificaciones. Además, analizaban tu envolucramiento en el servicio comunitario, tu conducta en la entrevista y con tus compañeros (recuerdan las evaluaciones que mencioné) y un promedio igual o superior a 2.5. Para mantener mi beca

ACE, tuve que informarles de mi buena posición académica (presentar mi expediente académico anualmente) y así poder recibír el dinero.

Un ejecutivo de ACE estaba feliz de recibir mi información porque muchos de los que comenzaron conmigo no regresaron por el dinero restante que les habían otorgado. Recuerdo en una conversación que bromeando les dije que podían enviarme más dinero; aunque al parecer la organización estaba dispuesta en recibir mi peticion, rápidamente les hice saber que estaba bromeando. No necesitaba el financiamiento adicional porque tenía la beca NACME Vanguard, y podían usar el dinero para otro estudiante que lo necesitaba.

En retrospectiva, me pregunto si eso fue una prueba para ver si era codiciosa; bueno, pasé esa prueba y se me abrieron más puertas. Me gradué del programa de cinco años de Drexel con mi Licenciatura en Ciencias en Ingeniería Informática a tiempo y con algo de experiencia cooperativa (la pasantía más larga de seis meses y obtienes el salario para ese campo). Y así, fui reclutada para trabajar en una de las compañías más cotizadas, Lockheed Martin.

Me parece curioso que siempre hayan tenido las filas más largas en las ferias de empleo, y nunca pude entrar a la compañía, pero encontraron mi currículum en línea, me llevaron a DC para una entrevista y pagaron mi alojamiento en un hotel. Dos días después de mi entrevista, mientras estaba en Las Vegas con mi Papá supe que me dieron el trabajo, tuve una conversación con él y me dijo que trabajó toda su vida por mi salario inicial. Escuchar esto, me recordó que lo que me estaba sucediendo también era de mis padres y la dedicación que me brindaron para tener éxito; entonces, acepté la oferta de trabajo.

Después de tomar un año sabático, que es un año entre los estudios universitarios, busqué el siguiente nivel. Trabajé y sabía que el trabajo que tenía no era "donde quería estar cuando creciera" (ya ves cómo resurge esta pregunta), así que decidí investigar escuelas de postgrado.

Al usar mi red de contactos, aprender las ofertas y las políticas asociadas, descubrí que la compañía para la que trabajaba tenía un programa que pagaba por ti, para que obtuvieras un título. Tenías que obtener una cierta calificación en la clase y esta empresa pagaba la matrícula y los libros. Investigué otros lugares y uno de mis antiguos colegas de Lockheed Martin que trabajaba para una de las agencias gubernamentales me contó los detalles del programa allí. Esa agencia pagaba la matrícula y los libros y no tenías que trabajar mientras obtenías tu título, pero después de completar tus estudios le debías dos años de servicio a la compañía.

Como puedes ver, hay pros y contras en cada situación. Por lo tanto, siempre evalúa tus opciones y no te rindas en lo primero que se te presenta. ¡Investiga y haz lo que sea mejor para ti! Mirando hacia atrás, dos años no fueron mucho tiempo. Pero, en ese momento parecía una eternidad, me quedé con Lockheed durante unos años y luego continué mi carrera en otro lugar. Ahí terminó la ayuda financiera para mi título de postgrado; y recuerden que decidí obtener dos títulos de posgrado mientras trabajaba a tiempo completo.

No obstante, por fortuna para mí, la siguiente compañía que me reclutó (Accenture) tenía un programa diferente que usé para continuar financiando mis títulos universitarios de posgrado. Con ellos, necesitaba usar mi presupuesto anual y explicar cómo las clases se relacionaban con mi carrera profesional y mis objetivos. Felizmente hice eso y recibí la financiación, no cubría mis libros, pero eso estaba BIEN para mí.

Descubrí que el medio para financiar mi posgrado requería más el proceso de aplicacion. Tal vez me sentí así porque en la escuela secundaria, estaba en modo de trabajo escolar contínuo. Por lo tanto, el proceso de solicitud de beca no parecía mucho trabajo. Igualmente, mi maravillosa e ingeniosa mamá estaba a mi lado para ayudarme a hacer las cosas. De todos modos, para ambas compañías, tuve que explicar por qué deberían financiar mis cursos específicos. Ahora entiendo que fue una inversión adicional que estaban haciendo en mí además del buen salario que recibí.

Tu Travesía

Incluso más allá de mi experiencia, he oído hablar de otros caminos para explorar, mientras hablaba con mi red de contactos acerca de la idea de mi libro, descubrí otras formas de financiación, además de las becas que quiero traer a tu atencion. Son subvenciones y fuentes de ayuda financiera para graduados.

Aunque descubrí que las becas se pagaban a la escuela o me entregaban un cheque para pagarlas, las subvenciones parecian similares. Al hablar más sobre dichas subvenciones, uno de mis socios de contabilidad usó el dinero de su subvención para cosas como libros. Mientras estamos en el tema de los libros, permítanme compartir algunas fuentes para eliminar o al menos minimizar ese costo que pueden sumar:

o Pidan prestado o compren los libros de los estudiantes de nivel superior. Les prometo que sera más barato que comprar uno nuevo. Asímismo, si la edición cambió, generalmente son cambios pequeños o un capítulo agregado. Siempre puedes trabajar con tus compañeros de clase o profesor para coordinar temas en la versión anterior.

o   Usar la escuela y las bibliotecas públicas. Con los años he visto menos uso de la biblioteca, pero no te quedes dormido. . . ¡Es una mina de oro allí!

Una fuente nueva para mi es la ayuda financiera para graduados, esto es algo similar a una beca "local", donde un grupo de alumnos en un área particular (por ejemplo, Washington, DC) que asistió a la Universidad de Dillar (en Nueva Orleans) proporcionan una beca a un estudiante de Washington, DC para asistir a la Universidad de Dillar. "¿Cómo me entero de eso?" Me dijeron que buscara en las páginas de ex alumnos de las escuelas para ver lo que ofrecían.

Ten en cuenta que, para encontrar este dinero, tendrás que hacer el trabajo preliminar. Algunas aplicaciones te ayudan a encontrarlo, pero recuerda que también debes organizar tu búsqueda con:

o   Palabras clave.
o   Tu interés (ejemplo, ingeniería).
o   Ubicaciones en las que estás interesado en asistir en la universidad.

Con la tecnología, la información está a tu alcance. No olvides usar tu red de contactos, como dice el refrán: "una boca cerrada no se alimenta". Aparte de las fuentes populares, puede haber algunas fuentes no descubiertas que podrías aprovechar. Por ejemplo, comencé mi conocimiento sin fines de lucro Nunca Subestimes el Conocimiento (NUC) en 2019, y mi objetivo es tener una beca designada para varios estados además de proporcionar recursos a jóvenes del interior de la ciudad y a sobrevivientes de violencia doméstica.

Para darte ejemplos, investigué las cinco carreras universitarias principales en 2019:

- o Negocios o Administración de Empresas
- o Comunicaciones
- o Justicia Criminal
- o Enfermería
- o Psicología

Si estás interesado en estas carreras, entonces estás de suerte porque hice una investigación para proporcionarte tres fuentes que varían en la cantidad otorgada y las fechas de envío, pero la mayoría son de $ 5,000 o más. Independientemente de la carrera que persigas, los sitios como www.scholarships.com y la plataforma Scholly en www.myscholly.com están dedicados a proporcionar recursos de becas a tu alcance.

Entonces, úsalos para tu búsqueda.

Estas son las becas con las carreras mas populares de 2019 para comenzar:

- Negocios
  - La beca Hyundai otorga $ 20,000 y la fecha límite para aplicar es el 5 de Marzo.
  - Jane M. Klausman Women in Business Scholarship otorga $ 8,000 y el plazo de aplicar varía.
  - El Fondo de Becas David R. Parsley para la Gestión de la Cadena de Suministro otorga $ 10,000 y la fecha límite para aplicar es el 15 de Marzo.
- Comunicaciones
  - El premio BMI Founders Award para Radiodifusion otorga $ 5,000 y la fecha límite para aplicar es el 1 de Febrero.
  - Mercatus Adam Smith Fellowship otorga $ 10,000 y la fecha límite para aplicar es el 15 de Marzo.
  - La beca Ray Greenly otorga $ 25,000 y la fecha límite para aplicar es el 3 de Abril.

- Justicia Criminal
    - La beca Ritchie-Jennings Memorial Scholarship otorga $ 10,000 y la fecha límite para aplicar es el 30 de Enero.
    - La beca Ruth D. Peterson para la Diversidad Racial y Étnica otorga $ 6,000 y la fecha límite para aplicar es el 1 de Marzo.
    - La Beca Nacional ISF (Fondo de Becas Islámicas) otorga $ 5,000 y la fecha límite para aplicar es el 21 de Marzo.
- Enfermería
    - La beca de enfermería de posgrado perinatal otorga $ 5,000 y la fecha límite para aplicar es el 31 de Enero.
    - La beca Gladys Carol otorga $ 5,000 y la fecha límite para aplicar es el 31 de Marzo.
    - La beca de la Asociación Nacional de Enfermeras Negras (NBNA, por sus siglas en inglés) otorga $ 6,000 y la fecha límite para aplicar es el 15 de Abril.
- Psicología
    - El programa *Catching the Dream* otorga $ 5,000 y el plazo para aplicar varía.

- o Programa de Becarios Clarkston otorga $ 10,000 y la fecha límite para aplicar es el 15 de Enero.
- o La beca académica del Colegio de Saint Rose otorga $ 22,000 y la fecha límite para aplicar es el 15 de Febrero.

Para estar pendiente de los recursos que encuentres debes realizar un seguimiento de todo. En el próximo capítulo, comparto algunos consejos sobre cómo hacerlo. Antes de hacer eso, una cosa importante que quiero que tengas en cuenta en este capítulo es **cómo llegar** a las empresas (puntos de contacto específicos identificados para un departamento en particular si ya estás trabajando para una empresa o correos electrónicos generales que ves en los sitios web), personas que conoces, tus mentores e incluso publica sobre tu búsqueda en tus plataformas de redes sociales. Nunca se sabe donde puedes encontrar información sobre fuentes de ayuda financiera.

¿QUÉ SIGUE?

Para realizar un seguimiento de toda la información que recibes de las fuentes de ayuda financiera (becas, ex alumnos, subsidios, etc.), identifica el software que deseas usar para guardar todo en un solo lugar. Encontré un formato que resultó lo mejor para mí, por lo que recomiendo programas como Excel de Microsoft y Hojas de Calculos de Google. Además, una aplicación gratuita llamada Quip que te permite utilizar sus funciones interactivas de "Aplicaciones en vivo" para asignar tareas, comunicar el estado, marcar elementos y vincular documentos relacionados.

Y si eres una persona que usa papel y lápiz, no te preocupes, puedes hacer lo mismo de esa manera, solamente que puede ser un poco mas difícil de actualizar a medida que se reciba más información. En cualquier caso, haz lo que resulte mejor para ti.

En tu hoja de cálculo, debes documentar la información pertinente sobre lo que se requiere para obtener y conservar tu beca. Aquí hay una lista de temas para comenzar:

- o Nombre de la organización.
- o Detalles de la beca.
- o Criterios de calificación.
- o Fecha límite para aplicar.
- o Lo que debe enviarse.
- o Fecha de premiación.
- o Cantidad de la beca.
- o Requisitos para mantener la beca (especialmente para fuentes de ayuda financiera por varios años).

Aquí hay un ejemplo de como se tiene que ver una hoja de cálculo. Por favor mira la sección de recursos del libro para obtener una hoja de cálculo completa.

#	Nombre de la Organización	Detalles de la Beca	Criterios de Calificación	Fecha Límite para Aplicar	Qué necesita ser enviado.	Fecha de Premiación	Monto de la Beca	Requisitos para mantener la beca (por varios años)
1	Organización de Ejemplo.	Reconoce y premia los logros sobresalientes de los estudiantes.	Asiste a una universidad 3.0 CP o superior	31 de Marzo	Aplicación Completa Carta de recomendación Ensayo Expediente	1º de Mayo	$25,000 por año	Envio de expediente por correo después de cada semestre
2								
3								

Si necesitas alguna ayuda con esto o quieres utilizar los servicios y herramientas que proporciono, asegúrate de visitarme hoy en www.CrystalGoliday.com

Ten en cuenta que es útil tener un ensayo preparado sobre tí mismo, que incluya tus logros y objetivos. Este ensayo podría utilizarse para responder las preguntas requeridas en el proceso de solicitud, hay que tener en cuenta que puede haber diferentes preguntas y tu ensayo es un buen punto de partida y que puede adjuntarse incluso si no es necesario. Puedes verlo como una forma para que la organización te conozca mejor.

Ahora que ya conoces que información puedes recolectar, junta toda la información necesaria y realiza un seguimiento de las fechas. Necesitas ser organizado durante el proceso porque no quieres perder las fechas límites. Otra cosa que aprendí de estar en ambos lados de la valla de recibír fondos y administrar fondos es que, aún que no cumplas con todos los criterios, no te debes desanimar. **Sigue aplicando** porque hay dinero allá afuera, y las organizaciones lo tienen asignado para este propósito.

CONCLUSIÓN

En mi viaje, tres cosas me ayudaron a obtener mis tres titulos gratis:

1. Mi deseo de querer más para mí y no agobiar a mis padres, quienes trabajaron duro e inculcaron en mí de ir a la escuela (incluida la universidad) -> trabajar para una buena compañía -> jubilarse. Pongamos una marca aquí y volveré a este punto.
2. *El Libro de Becas* que utilicé, pero ahora lo tienes todo al alcance de tu mano a través de Internet.
3. Mi red de contactos, que es muy útil para mí y para muchos otros. Debo decir que conozco a algunas personas geniales y conocedoras de varios aspectos de mi vida. Un gran contribuyente a este aspecto de mi vida fue mi tía materna. Ella sabía sobre la organización (NACME) que invirtió la beca Vanguard en mi. La organización pagó la matrícula y mi vivienda de manera completa, durante mis cinco años en el Programa Cooperativo de la Universidad de Drexel, para obtener mi licenciatura en Ingeniería Informática.

El punto por el cual estoy diciendote todo esto es para que **uses tus recursos**. La información está a tu alrededor. Abre la boca y expresa tus objetivos. Tienes que saber que puedes estar en la lugar y recuerda que lo peor que alguien podría decir es no. E incluso si ellos dicen que no, conocen su solicitud y podrían tenerlo en cuenta si se les presenta la información.

En este libro, te he contado sobre mi travesía desde la escuela primaria, que pude conseguir tres títulos y tenerlos todos pagados, que ahora trabajo a tiempo completo y que mis empresas incluyen mi pasion por la vida, junto con mi organización sin fines de lucro Nunca Subestimar el Conocimiento (NUK). Luego, te llevé a través de preguntas de reflexión personal que debes hacerte periódicamente para asegurarte de que estás en camino de alcanzar el objetivo, de lo que quieres ser cuando seas grande. Allí, describí los pasos detallados para que profundizes y entiendas si tu pensamiento se alinea con lo que sucede en ese campo. Además, puedes aprender de los errores de otras personas a lo largo del camino.

Empecé en el "capítulo del dinero" ¿Quién lo tiene? Informándote de las diferentes maneras en que podrías obtener el dinero y resumiendote mis experiencias en becas. Pero no me detuve allí. Identifiqué las cinco principales carreras universitarias para que puedas iniciar con una lista de becas. Además, tienes el comienzo de tu hoja de cálculo para documentar tus becas y los programas de software recomendados que podrías utilizar para realizar un seguimiento de ellos.

Anhelo escuchar sobre los fondos que recibiras, para que obtengas tu título universitario gratis. Asegúrate de mantenerte en contacto conmigo en las diversas plataformas de redes sociales (Facebook, Instagram, LinkedIn, etc.) y diríjete a www.CrystalGoliday.com para suscribirte en mi lista de correo y mantenerte actualizado sobre los productos y servicios que ofrezco.

PREGUNTAS Y RECURSOS IMPORTANTES

Contesta las siguientes preguntas para ayudarte a crear un proyecto para tu futuro.

Mis materias favoritas en la escuela son?

_____
_____
_____
_____
_____
_____
_____

¿Qué profesiones requieren el mayor uso de estas materias?
_____
_____
_____
_____
_____
_____

¿Qué es lo que me gusta hacer?
_____
_____
_____
_____
_____
_____

¿Qué quiero ser cuando sea mayor?
_____
_____
_____
_____
_____
_____
_____

¿Qué es lo que me apasiona y cómo puedo convertirlo en una carrera?
_____
_____
_____
_____
_____
_____
_____

¿Qué se necesitará para que las cosas sucedan? ¿Necesito un título para perseguir mi pasión?

_____
_____
_____
_____
_____
_____
_____

¿Qué carrera(s) me interesa estudiar en la universidad?

_____
_____
_____
_____
_____
_____
_____

¿En qué lugares (estado, ciudad, pueblo, etc.) me gustaría vivir?

_____
_____
_____
_____
_____
_____
_____

¿Qué se requiere para obtener un título en mi carrera de interés y tener éxito?

_____
_____
_____
_____
_____
_____
_____

¿Cómo se ve una rutina diaria en mi carrera?

_____
_____
_____
_____
_____
_____
_____

¿Cuáles son los pros y contras de seguir esta carrera?

_____
_____
_____
_____
_____
_____
_____

¿Quién podría guiarme en esta carrera?

_____
_____
_____
_____
_____
_____
_____

¿Qué organizaciones profesionales hay en esta carrera?

_____
_____
_____
_____
_____
_____
_____

RECURSOS PARA BECAS ADICIONALES

Libros

- 101 aplicaciones de Becas (Edición 2020 Revisada): Como obtener una Educación
- Universitaria Gratuita sin Deudas.
- Becas Universitarias 2020: El Proceso de Cinco Pasos & Los 10 Mejores Lugares Para
- Encontrar Billones en Becas
- Becas Universitarias para Estudiantes de Secundaria (grados 9-12)
- Confesiones de un Ganador de Becas: ¡El Secreto que Me Ayudo a Ganar $500,000

- Dolares Gratuitamente para La Universidad-Como Lo Puedes Hacer Tu Tambien!
- Manual de Ayuda Financiera, Edición Revisada: Obteniendo la Educación Que Quieres
- Por Un Precio Que Puedes Pagar.
- Cómo Ganar Becas Universitarias: Una Guía para Padres en 10 Pasos Sencillos: 2020 4th
- Edición.
- Cómo Escribir un Ensayo Ganador De Becas: 30 Ensayos Que Ganaron Mas de $3
- Milliones en Becas.
- LANZAMIENTO: Cómo Sacar a Tus Hijos de la Universidad Sin Deudas y Obtener
- Trabajos Que Ellos Quieran Despues.
- Academía de Becas Pace Ultimo Libro Nacional de Becas: Diseñado para Estudiantes de
- Escuelas Intermedia y Secundaria.
- Pagando la Universidad, Edición 2020: Todo lo Que Necesitas Saber para Maximizar la

- Ayuda Financiera y Que Puedas Pagar la Universidad.
- Guía para la Aplicacion de Becas: Mega Becas.
- Becas, Subsidios & Premios.
- Estrategias de Becas: Encontrando y Ganando El Dinero que Necesitas.
- Un Adelanto De Ultimo Año: Para los grados de 9º, 10º y 11º.
- Las Mejores 385 Universidades, Edición 2020: Perfiles en Profundida & Listas de
- Clasificación Para Ayudar a Encontrar La Universidad Adecuada Para Ti (Guías de
- Admisión a la Universidad.
- Las Universidades Más Valiosas, Edición 13: 75 Escuelas Que Te Dan lo Mejor Por Tu
- Dinero.
- Guía Escolar para la Admisión Universitaria y Becas: Secreto de las Escuelas en Casa
- para estar Preparado, Listo para Ingresar y Cobrar.
- La Beca y Soluciones de Ayuda Financiera, Como Ir a la Universidad Por Casi Nada con

- o Atajos, Trucos y Consejos de Principio a Fin.
- o Ultimo Libro de Becas 2020: Billiones de Dolares en Becas, Subsidios y Premios.
- o Ganando Becas Para la Universidad: Una Guía de Información Privilegiada Para Pagar la
- o Universidad.

Libros

- o https://www.acementor.org/students.scholarships/
- o https://bigfuture.collegeboard.org/scholarship-search
- o https://www.careeronestop.org/Toolkit/Training/find-scholarships.aspx
- o https://www.collegexpress.com/scholarships/search
- o http://www.collegescholarships.org/scholarships/
- o https://www.debt.org/students/scholarships-and-grants/
- o https://www.discover.com/student-loans/college-planning/scholarships/search

- https://www.fastweb.com/
- https://finaid.org/scholarships/
- https://myscholly.com/
- https://money.howstuffworks.com/personal-finance/college-planning/financial-aid/scholarship.htm
- https://www.nacme.org/
- https://www.niche.com/colleges/scholarships/
- http://www.oas.org/en/scholarships/
- https://www.petersons.com/scholarship-search.aspx
- https://www.salliemae.com/college-planning/tools/scholarship-search/
- https://scholarshipamerica.org/
- https://scholarships.uncf.org/Program/Search
- http://www.scholarshipmonkey.com/
- https://studentaid.gov/understand-aid/types/scholarships
- https://www.studiesabroad.com/admissions/funding-your-program/scholarships-and-grants
- https://superscholar.org/scholarships/25-popular-college-scholarships/

Rastreando Tus Becas

#	Nombre de la Organización	Detalles de la Beca	Criterios de Calificación	Fecha Límite para Aplicar	Qué necesita ser enviado.	Fecha de Premiación	Monto de la Beca	Requisitos para mantener la beca (por varios años)	Beca Recibida (Si / No)
1	Organización de Ejemplo.	Reconoce y premia los logros sobresalientes de los estudiantes.	Asiste a una universidad 3.0 CP o superior	31 de Marzo	Aplicación Completa Carta de recomendación Ensayo Expediente	1º de Mayo	$25,000 por año	Envio de expediente por correo después de cada semestre	
2									
3									
4									
5									
6									
7									
8									
9									
10									
11									
12									
13									
14									
15									

www.ingramcontent.com/pod-product-compliance
Lightning Source LLC
Chambersburg PA
CBHW081125080526
44587CB00021B/3757